Gallimard Jeunesse Giboulées
Sous la direction de Colline Faure-Poirée
Conception graphique de Christophe Hermellin

ISBN : 978-2-07-064425-4 • Numéro d'édition : 373343 • Premier dépôt légal : août 2012 • Dépôt légal : septembre 2020
Loi n° 49-956 du 16 juillet 1949 sur les publications destinées à la jeunesse
Imprimé en France par Pollina - 94594i

PEFC™ 10-31-2065

Texte de Vincent Cuvellier
Illustrations de Ronan Badel

ÉMILE
est invisible

GALLIMARD JEUNESSE GIBOULÉES

Aujourd'hui…

Émile est invisible.

C'est décidé. Aujourd'hui, Émile est invisible.
C'est comme ça, et c'est pas autrement.
À midi, plus personne ne pourra le voir.

Pourquoi à midi ? Parce qu'à midi,
Maman fait des endives.
Des endives !

Mais c'est horrible, les endives !

« Mais, Émile, j'ai mis plein de crème,
de gruyère et de jambon. »
Ça ne change rien. Les endives, c'est horrible.

De toute façon, ça fait longtemps
qu'Émile avait envie d'être invisible, alors.

C'est génial d'être invisible ! Génial !

« Émile ! Mais où est-il encore passé ? Émile !
C'est pas vrai, il a encore disparu ! Tant pis, Émile,
j'avais fait aussi de la mousse au chocolat. »

Ah, zut ! De la mousse au chocolat. C'est embêtant, ça.
Émile fronce les sourcils. Il faut un plan. Mais qu'il est bête !
Il est invisible. Il peut manger toute la mousse au chocolat
qu'il veut, personne ne peut le voir !

« Émile, non ! Il faut d'abord manger tes endives,
si tu veux de la mousse au chocolat. »

Ça alors ! Mais comment a-t-elle fait pour le voir. Émile gratte un peu ses narines. Il réfléchit. Ah mais, bien sûr ! Il a dû se faire une moustache en chocolat, et Maman l'a vue !

Émile sort son petit tabouret, le place sous l'évier et ouvre
le robinet pour se laver la moustache en chocolat.

« C'est bien, Émile, il faut toujours se laver les mains et le museau avant de passer à table. »

Mais ! Maman l'a encore vu. Comment fait-elle ?
Peut-être a-t-elle le pouvoir de voir les gens invisibles ?

Émile fronce les sourcils. Il réfléchit. Ses habits ! Ses habits !
Quel idiot il fait ! Maman voit ses habits, bien sûr !

Émile sait ce qui lui reste à faire.

« Émile ! Émile ! Tu devrais venir ! Il y a une surprise pour toi. »

Mouais ! Une surprise.
Émile se méfie. Ça pourrait être
un piège pour l'obliger à manger
les endives. Émile gratte son nez.

Après tout, il est invisible. Il n'a qu'à aller voir la surprise, personne ne pourra le voir. Il va y aller en courant, ce sera encore plus sûr.

*« Ah ! Émile, viens vite, Julie ta chérie est impatiente de te…
mais, Émile, tu es tout nu ! »*

Ouf, se dit Émile. Heureusement qu'il est invisible, sinon Julie aurait vu son zizi.

Heureusement !
Il en a de la chance d'être invisible !